CHRONOLOGIE

DES MACHINES DE GUERRE

ET DE L'ARTILLERIE,

DEPUIS CHARLEMAGNE JUSQU'A CHARLES X;

PAR LE GÉNÉRAL MARION,

CHRONOLOGIE

DES MACHINES DE GUERRE

ET DE L'ARTILLERIE,

DEPUIS CHARLEMAGNE JUSQU'A CHARLES X;

PAR LE GÉNÉRAL MARION,

COMMANDANT L'ÉCOLE D'ARTILLERIE DE LA FÈRE.

———————

(*Extrait de la 33ᵉ livraison du Journal des Sciences Militaires, des armées de Terre et de Mer.*)

DOULLENS,

DE L'IMPRIMERIE DE QUINQUENPOIX.

1828.

CHRONOLOGIE

DES MACHINES DE GUERRE

ET DE L'ARTILLERIE,

DEPUIS CHARLEMAGNE JUSQU'A CHARLES X.

———————◦◦◦◦◦◦————————

On conserve à St.-Denis, la flamberge, et à Aix-la-Chapelle le sabre de Charlemagne ; ces deux armes quoique différentes de formes sont appelées *joyeuses*. Le sabre sert aux cérémonies du sacre des Empereurs.

778.—Bataille de Roncevaux où est tué Roland, dont l'armure et le durendal existent au musée d'artillerie.

On voyait à St.-Faron-de-Meaux, le Courtin (1) d'Ogier, surnommé le Danois, compagnon d'arme de Roland, mort religieux, vers la fin du 9e siècle, dans le couvent de St.-Faron.

791.—Charlemagne à Regensburg (Ratisbonne), donne à son fils, Louis d'Acquitaine, une épée et tout l'équipage de guerre en usage alors.

886.—Emploi des carcamuses (Beliers); des falariques; des malléoles, etc., au siége de Paris levé par les normands.

887.—Les parisiens ont leurs murailles armées de 100 balistes ou catapultes. (Histoire de ce siége par Alboa, moine de St.-Germain-des-Près).

1099.—Siège de Jérusalem par Godefroy de Bouillon, dont l'armure existe au musée d'artillerie.

1147.—Les Arabes emploient l'artillerie contre les espagnols et les normands assiégés dans Lisbonne. (Mémorial portatif, publié par le comte de Laubépin, page 120).

————————————————————————

(1) Épée de 3 pieds 1 pouce de longueur, 3 pouces de largeur près la garde, et 1 pied 6 pouces vers la pointe, elle pesait 5 livres 1/4 sans le fourreau.

1

1181.—Siége de St°.-Menehould, où Arnoul, évêque de Verdun, est tué d'un coup de trait d'arbalète. (Carré, page 268).

1191.—Usage du feu Grégeois au siége de St.-Jean-d'Acre (1). Affaire de Brenneville, où un anglais saisit la bride du cheval de Louis VI, dit le Gros, et lui dit *le Roi est pris !* Ce monarque armé d'une *massue* abat l'anglais, en lui *répondant, tu ne sais pas, que même aux échecs, on ne prend jamais le Roi.*

1193. — Feu Grégeois employé par Philippe-Auguste pour brûler les vaisseaux anglais dans le port de Dieppe.

1193 à 1206. — Naissance à Lauvingen en Souabe, d'Albert-le-Grand, auteur d'un ouvrage dans lequel il est question de poudre. Albert meurt de 1280 à 1282.

1203.—Artifices employés par l'ingénieur Gaubert, né à Mantes, pour brûler les palissades de l'entrée de l'Ile des Andelis, attaquée par Philippe-Auguste. (Daniel, tome 1er, page 576).

1214.—Naissance à Ilchester dans le Sommerset, en Angleterre, de Roger Bacon, auteur d'un manuscrit existant à Oxford, dans lequel il est aussi question des matières qui composent la poudre. Ce physicien persécuté par les religieux de son ordre, meurt de 1292 à 1294.

Bataille de Bovines, où les chevaliers ont des armures si bien faites, qu'ils sont pour ainsi dire invulnérables. (Panoplie de Carré, pages 20 et 21).

1218.—Emploi d'artillerie aux siéges de Marmande et de Toulouse, par le prince Louis. Simon de Monfort, chargé de ce dernier siége, est tué le 25 juin 1218, d'un coup de pierre, lancé d'un mangonneau. (Art de vérifier les dates, tome 2e, page 300; et Maizerai, 4e volume, page 563).

1220. — Les Maures se servent d'une machine de fonte pour jeter de très grosses pierres. (Historiens espagnols, voir 1147).

1226.—Nomination du premier grand-maître des arbalétriers. (Voir 1270).

_____

(1) La découverte de ce feu, le 29 avril 660, est attribuée au célèbre mathématicien Calinicus d'Héliopolis en Syrie. Douze à treize ans après cette découverte, Constantin Pagonet l'employe pour délivrer Constantinople, et détruire la flotte des Sarrasins dans le port de Cyzique sur l'Hellespont.

1132. — Les Tartares font usage contre les Chinois de machines appelées *pau*, qui produisent à-peu-près les mêmes effets que les bouches à feu. (Père Gaubil , jésuite missionnaire).

1248. — Le nom *artillerie* remplace celui de machines de guerre.

1250. — Sous St.-Louis, les armes des français dans Massoure sont l'épée, la masse, la lance, l'arc, l'arbalète, et les flèches.

1258. — L'annuaire du département de l'Aisne pour 1824, rapporte (page 35 et suivantes) qu'en 1819 on retira d'une citerne du château de Coucy, qui était à 194 pieds au-dessous du sol, un morceau de canon de 22 pouces de longueur, représentant la culasse et le renfort jusqu'à 4 pouces en avant des tourillons. Cette très-petite pièce d'un pouce de calibre est à huit pans ; sur celui de la lumière, on voit une pensée et l'inscription suivante. *Fait le 6 mars 1258.* (1) *Raoul** Roi de Coucy.*

1266. — Bataille de Bénévent, où les allemands cuirassés, et coëffés de casques, font au commencement un carnage affreux avec leurs longues épées tranchantes et très lourdes; à la fin ils ne sont défaits et mis en déroute que parce que les français armés d'épées beaucoup plus courtes et plus légères, reconnaissent que leurs ennemis sont vulnérables sous l'aisselle.

1268. — On se sert encore du gambeson ou gobeson pour garantir les hommes des coups de lance.

1270. — Thibaud de Montleart, grand-maître des arbalétriers, a toute l'artillerie sous ses ordres ; cette charge est dans l'armée la première, après celle de maréchal de France.

1274. — Renaud de Rouvroy, grand-maître des arbalétriers.

1280. — Premier usage des bouches à feu par un moine allemand, Constantin Anclitzen, qui est le même que Berthold Schwartz, originaire de Fribourg, appelé Lenoir par quelques auteurs français (Belleforest), [voir 1300].

---

(1) Léonard de Pise, qui écrivait au commencement du 13e siècle, étant le 1er auteur qui se soit servi de chiffres arabes en occident, et l'introduction de ces mêmes chiffres ne datant en France, en Angleterre et en Allemagne, que de peu de temps avant 1306 ; il est probable que la date de la fonte gravée sur ce très petit canon, est inexacte et qu'elle a été écrite long-temps après 1258.

1284. — Jean de Burlas , sénéchal de Guyenne, grand-maître des arbalétriers.

1291. — Guillaume de Dourdan, maître de l'artillerie du Louvre et Guillaume Châtelain, maître de l'artillerie à Montargis.

1292. — Les archives de cette année font mention d'artillerie.

1294. — Guillabert, maître de l'artillerie du Louvre.

1295. — Etienne de la Chambre, maître de l'artillerie.

1296. — Pierre Levaché , maître de l'artillerie de Melun.

1297. — Étienne Amigard , maître de l'artillerie du Louvre. — Jean Gautier, préposé aux artilleries du même lieu.

1298. — Jean le Picard, grand-maître des arbalétriers, et Jean, fils de Guillabert, maître de l'artillerie du Louvre.

1299. — Jean Gauthier, maître de l'artillerie.

1300. — Un moine de Fribourg, nommé Anelzen, ou Ancklitzen, répète quelques expériences sur les effets de la poudre à canon (Thévet) [voir 1280].

1301. — Villaret, tome VI, page 103 de l'édition in-4°, et Lamartillière, page 236 du premier volume, citent des pièces de fonte de cette année existantes à Amberg, capitale du haut Palatinat.

1303. — Pierre de Courtisot, grand-maître des arbalétriers.

1304. — Nomination de Thibaud, sire de Chepoix, à la charge de grand-maître des arbalétriers. — Naissance de Pétrarque. (Voir 1366). — A la bataille de Mons-en-Puelle, il y a de l'artillerie. On nomme ainsi les voitures et machines de guerre. (Daniel, page 195.) — Au combat de Zericksé, les flamands dirigent, contre la flotte de Philippe-le-Bel, deux bateaux incendiaires remplis de poix, de résine et de soufre.

1307. — Benoît Fabry, maître de l'artillerie.

1308. — Siège mémorable de Rhodes, où il y a beaucoup de machines.

1310. — Pierre-le-Galard, grand-maître des arbalétriers.

1312. — Les Maures font usage de la poudre en Espagne. (Casiri, - Bibliothéca-arabico-Hispana, tome 1er, pages 7 et 8). — Au siège de Bourges, on fait usage d'engins pour lancer de grosses pierres.

1314.—Adam, maître de l'artillerie de Rouen.

1322.—Lambert Amigard, maître de l'artillerie.

1327.—Etienne de la Beaume, dit le Galois, grand-maître des arbalétriers.

1338.—Les registres de la chambre des comptes font mention d'argent donné par Barthelemy de Drach, trésorier de la guerre, à Henri de Faumechon pour avoir de la poudre, et autres choses nécessaires aux canons qui étaient devant Puy-Guillaume en Auvergne (Ducange). — Commencement de l'usage des armes à feu. (Lenglet-Dufresnoy.) — On sait, d'ailleurs, que c'est sous le règne de Philippe de Valois, commencé en 1328, que l'on se servit de bouches à feu en France pour la première fois.

1339.—Jean, duc de Normandie a de grands engins pour assiéger Aiguillon (Daniel).

1340.—Mathieu de Roye dit le Flamand, grand-maître des arbalétriers. — Les troupes assiégées dans le Quesnoy, décliquent contre les troupes du maréchal de Mirepoix, canons et bombardes qui jettent de grands carreaux (Froissart).

1342.—Les Maures assiégés dans Algésiras, par Alphonse II, roi de Castille, tirent certains mortiers de fer qui font un bruit semblable à celui du tonnerre. (Pierre de Mexia, Leçons diverses).

1343.—Dans un combat naval entre le roi Maure de Séville et le roi de Tunis, celui-ci a certains tonneaux de fer qui servent à lancer des foudres. (Don Pedro, évêque de Léon, dans la Chronique du roi Alphonse).

1344.—Jean-du-Lion, garde de l'artillerie du Louvre. (Voir 1358.)

1345.—Les Anglais emploient l'artillerie dans leur île. — Une quittance donnée à la trésorerie de la sénéchaussée de Toulouse, fait mention de canons de fer, et de poudre. (Histoire de Languedoc, tome 4e, page 201).

1346.—Les Anglais font usage de bombardes pour assiéger Calais (1), (Froissart), et ils les emploient aussi à la bataille de

(1) L'auteur des Antiquités italiennes fixe le siége de Calais à 1347. (Tome 3e, page 389).

Crécy, le 26 août. (Vilani, livre 12, chapitre 65, page 945). A cette bataille, les Français ont 15,000 arbalétriers qui ne peuvent servir parce que les cordes de leurs armes sont mouillées.

1350. — Robert sire de Houdetot, grand-maître des arbalétriers.

1351. — On se sert de mailloches pour enfoncer les casques et les cuirasses.

1354. — Les canons et bombardes en usage dans la mer de Danemarck. (Naucler, d'après le témoignage d'Achille Gassarus.).

1356. — Au siége du château de Romorentin, on jette des combustibles (Froissart). — La ville de Paris lève un corps qui prend son nom, de la *Brigandine* dont les soldats sont cuirassés.

1358. — Beaudoin de Lens, sire de Hanequin, grand-maître des arbalétriers. — Jean du Lion, qualifié souverain maître de l'artillerie du roi Jean. (Voir 1344).

1364. — Nicolas de Ligne, seigneur d'Allignés et Hugues de Châtillon, de Dampierre, grands-maîtres des arbalétriers.

1366. — Pétrarque, en parlant de la poudre, dit : « Si elle te » semble belle, considère que la colère du ciel, et la fureur de la » mer la dissiperont, et qu'un orage se jouera de tes canons, » aussi bien que celle-là de tes denrées ». Cet auteur meurt en 1374. — Au siége de Chiozzia par les gênois, les Vénitiens font usage de la poudre à canon. (Annales de Gênes par Paolo, -Interiano-Liguro.)

1372. — Au combat naval devant la Rochelle, il y a des canons, des balistes et autres machines. (Froissart).

1373. — Marc de Grimaud, sire d'Antibes, grand-maître, et capitaine-général de tous les arbalétriers.

1375. — Guichard Dauphin, sire de Jaligny, grand-maître des arbalétriers.

1377. — Les Vénitiens employent le canon en mer contre les gênois.

1378. — Les Anglais ont 400 pièces de canon, pour assiéger St.-Malo. (Froissart).

1379. — Millet du Lion, fils de Jean, (1344 et 1358) nommé maître-général et visiteur de l'artillerie du roi.

1380 (le 6 jánvier). — Victor Pizani, amiral vénitien a, contre le génois qui défendent Chiozzia, deux bombardes du calibre de 140 et 195 livres de pierre. (Sismonde de Sismondi, tome 7, pag. 216).

1382. — A une bataille entre les habitans du comté de Gand, et ceux de Bruges, il y a 300 canons. — Au siége d'Oudenarde par les gandois, ceux-ci ont une bombarde de 50 pieds de long qui jette des pierres si grosses qu'on entend l'explosion à 10 lieues. (Froissart, vol. 2.)

1385. — Charles VI reçoit jusques dans son camp, des pierres lancées par les canons des défenseurs du fort de Dam en Flandre.

1388. — Emploi de canons et de bombardes pour tirer sur les anglais qui attaquent la Rochelle. (Froissart, tome 3, page 315 de l'édition de Denis Sauvage).

1390. — Dans une expédition en Afrique, les français ont un brigantin chargé de canons et de bricoles. (Froissart, tome 3.)

1394. — Renaud de Trie, seigneur de Sérifontaine, grand-maître des arbalétriers.

1396. — Jean, sire de Beuil, grand-maître des arbalétriers, tué à la bataille d'Azincourt, le 14 octobre 1415.

1397. — Jean de Soisy, maître-général et visiteur des artilleries de France.

1399. — Guichard Dauphin, rétabli dans la charge de grand-maître des arbalétriers.

1400. — On commence à faire usage des boulets de fer qui avant cette année étaient en pierre pour les grosses bouches à feu, et en plomb pour les petites.

1403. — Jean d'Hangest, 1er seigneur d'Huqueville, grand-maître des arbalétriers.

1406. — Les Espagnols employent le canon sur mer. (Laubépin, page 120. (Voir 1220).

1407. — Jean d'Hangest II, grand-maître des arbalétriers, tué à la bataille d'Azincourt, et Mathieu de Beauvais, dit Gode, maître-général de l'artillerie.

1411. — David, sire de Rambures, grand-maître des arbalétriers, et Étienne Lambin, maître-général de l'artillerie. — Les hommes institués pour la manœuvre des bouches à feu son nommés canonniers; tous dépendent de la juridiction du grand-maître des arbalétriers.

1414. — Les Bourguignons font usage d'arquebuses ou de canons à main, pour lancer de grosses balles de plomb et défendre Arras contre Charles VI.

1415. — Bataille d'Azincourt. — Jean de Torsay, grand-maître des arbalétriers. — Nicolas de Chanteville, maître-général de l'artillerie.

1418. — Il existe des canons en bronze (Capo-Bianco). — Jacques de la Baume, grand-maître des arbalétriers, et Jean Gode, maître-général de l'artillerie. Ce dernier est tué dans Paris par les bourguignons.

1420. — Philibert de Molans, et Pierre Bessonneau, nommés à-la-fois, l'un par Henri V, et l'autre par le Dauphin, maîtres-généraux d'artillerie. — Siége de Melun, où l'on commence à faire usage des tranchées.

1421. — Hugues de Lanoy, seigneur de Santes, grand-maître des arbalétriers, et Pierre Carême, maître-général de l'artillerie de Guyenne, et de Languedoc.

1422. — Siége de Pont-de-Cé, à une lieue d'Angers, où l'on fait usage de tranchées, déjà employées deux ans avant.

1425. — Jean Malet, sire de Graville, grand-maître des arbalétriers.

1430. — A Compiègne, les assiégés ont des canons. Une pièce d'une grosseur énorme est appelée *Bourgeoise.*

1431. — Raimond-Marc, et Guillaume de Troye, tous deux bourgeois de Paris, grands-maîtres de l'artillerie, jusqu'en 1436.

1432. — Au siége de Lagny, on a de si grosses bombardes, qu'un seul de leurs projectiles abat l'arche du pont. (Villaret)—L'empereur Sigismond, a, en Italie, une garde de 500 hommes armés de fusils ou mousquets. (Muratori, tome 20, page 41).

1436. — Tristan l'Hermite, chevalier de Moulins et du Bouchet, maître-général de l'artillerie.

1438. — Un canon de cette année existe encore à Toulouse; il est en bronze, du calibre de 7 livres et pèse 678 kil.

1439. — A Belgrade, les assiégés employent l'arbalète et l'arquebuse.

1440. — Jean Bureau, seigneur de Monglas, maître-général de l'artillerie.

1441. — Vernon de Génestel, maître-général de l'artillerie.

1443. — Les Anglais ont devant Dieppe, 200 canons, et des bombardes énormes.

1444. — Gaspard Bureau, maître-général de l'artillerie.

1448. — Création des francs-archers, armés d'épées, de dagues, d'arcs, de trousses, de salates et de Jacques.

1449. — Au siége de Pont-Audemer, Dunois fait jeter des fusées de nouvelle invention, pour incendier cette ville. — Au siége d'Harfleur, il y a 16 grosses bombardes; on y fait usage de mines et de tranchées. (Voir 1420). — Piccianini et Gonzaque sortent de Milan avec plus de 20,000 hommes, armés de fusils, pour faire lever le siége de Marignan. (Sismonde de Sismondi, tome 9, pag. 341). — Jean d'Estouteville, seigneur de Torcy, grand-maître des arbalétriers.

1452. — Bureau lance des engins volans ou des fusées sur Bordeaux. (Villaret.) [Voir 1356 et 1447]. — Au siége de Blaye, on fait usage de tranchées. (Voir 1420).

1453. — Siége de Constantinople par Mahomet II. Les Turcs ont des pièces du calibre de 200-livres de pierre et une bombarde de 850 livres *idem*, qui crève au premier coup : elle est si pesante, qu'il faut 2000 hommes et 70 paires de bœufs pour l'amener. (Millot, page 11, tome 7).

1457. — Mort du prince de Rimini, auquel Valthurius attribue l'invention des bombes et des mortiers. (Mémoires de Littérature, page 206, tome 27).

1459. — Les fusils employés au siége de Sarno, n'ont pas de ressorts. (Gabelinus, livre 4, page 104).

1460. — Jacques II, roi d'Écosse, est tué en faisant éprouver une bombarde monstrueuse.

1461. — Nomination de Jean, sire, seigneur d'Auxi, à la charge de grand-maître des arbalétriers, ayant sous sa juridiction le maître-général de l'artillerie. — A sa mort, en 1477, la place reste vacante jusqu'en 1523.

1465, le 16 juillet. — Bataille de Montlhéry, après laquelle un

breton nommé M° Jean, dit Boute-feu, où des serpens tire des fusées volantes à Corbeil, où elles donnent l'alarme au duc de Ber-
ry. (Singularités historiques, imprimées à Londres, en 1788,
page 184).

1469.—Helion de Groiny, seigneur de Lamotte, et Louis, sire
Crusol, de Beaudiné de Levy, maîtres-généraux de l'artillerie.

1472, le 9 juillet. L'artillerie dirigée contre Beauvais, fait
écrouler le rempart dans les fossés, près la porte de l'Hôtel-Dieu.
(Comines, Chroniques de Louis XI). — Gobert Cadiot, maître-
général de l'artillerie. — L'ouvrage de Valthurius, imprimé à Bâle,
fait mention de projectiles d'airain remplis de poudre.

1473. — Guillaume Bournel, maître-général de l'artillerie.

1477. — Mort de Jean, sire, seigneur d'Auxi (1461), avant-
dernier grand-maître des arbalétriers (Voir 1523.)—Jean Chol-
let, nommé maître en chef de l'artillerie de France, le premier de
ce titre.—Siége d'Avesnes, où après un jour et une nuit, l'artillerie fait un commencement de brèche. (Histoire des ducs de Bourgogne, par Barante, page 277, tome XI).

1478.—Louis XI fait couler à Paris, à Orléans, à Tours et à
Amiens, 12 bombardes d'une étonnante grandeur pour attaquer
les places de Flandre. — Les boulets de fer sont coulés à Crail, et
ceux de pierre sont taillés dans les carriéres de Péronne. (Barante,
tome XI, page 381). —Un de ces canons, ou bombardes fondu à
Tours, par Jean Mogné, porte le premier coup, un boulet de 500
livres de la Bastille à Charenton (2700 toises); au 2ème coup le
fondeur est tué par les éclats de ce canon (1) chargé de 332 liv.
de poudre.

1479. — L'emploi de maître en chef, ou de maître-général est
partagé entre Guillaume Picard, Jacques Richard de Cénoilhac, et
Hélion de Moumeillon, nommés maîtres-généraux de l'artillerie.
—Bataille de Guinegattte, où il a y 3000 arquebusiers, et une con-

_____

(1) Les historiens ne sont point d'accord sur la nature de ce boulet; Barante dit qu'il était en fer et d'autres assurent qu'il était en pierre; dans
cette dernière supposition il aurait eu au moins 21 pouces de diamètre.

levrine énorme, nommée la grande Bourbonnaise. (Barante, tome
XII, page 71).

1480, le 23 mai. — Siége de Rhodes, auquel il y a 16 basilics
avec d'anciennes machines balistiquées.

1481. — Suppression des francs-archers par Louis XI, qui abo-
lit l'usage de l'arc.(Voir 1448) — Mort de Mahomet II, qui passe
pour être l'inventeur des pierriers et mortiers. (Guillot, Histoire
de Mahomet II, livre 7, page 350.) [Voir 1453.]

1482. — Les Russes se servent de canons, pour la première fois,
au siége de Felling, en Livonie.

1487. — François-Georges, essai infructueusement la poudre
dans les mines contre les Florentins qui défendent Sarzanella,
petit fort près Sarzane, presque à l'embouchure de la Magra : cet
essai a pour but de substituer la poudre aux étançons.

1493. — Guy de Luzières, maître-général de l'artillerie, est seul
de ce titre comme en 1477. — Rachat des cloches, en usage dans
les villes contre lesquelles on tire le canon.

1495. — Jean de la Grange, seigneur de Vieilchastel, maître-
général de l'artillerie, tué à Fornoue. — Des bombes font écrouler
les voûtes de l'église d'une forteresse, attaquée dans le royaume
de Naples.

1501. — Jacques de Silly, maître - général de l'artillerie. —
Nouvel essai de la poudre dans les mines au siége de Céphalonie,
par Pierre de Navarre (Voltaire.)

1503. — Emploi de la poudre dans les mines, par l'architecte
François Georges, sous la direction de Pierre de Navarre. — Il
réussit de manière à rendre les espagnols maîtres du château de
l'Uovo, près Naples, défendu par les français. (Voir 1487 et 1501).

1504. — Paul de Busserade, seigneur de Cepy, maître-général
de l'artillerie, tué au siége de Ravennes en 1512.

1505. — Pierre Aminger coule en Autriche, un obusier long,
pris peu de temps après par les Vénitiens. (Gasperoni, planche 9).

1508. — Les Portugais employent les canons à bord de leurs
navires.

1512. — Les Hollandais font aussi usage de canons dans leur
marine. — Au siége de Brescia les français pratiquent une brèche

qui leur sert à emporter cette ville d'assaut. — Jacques de Genoil-hac, maître-général de l'artillerie.

1513. — Les Lansquenets chargés de la garde de l'artillerie à la journée de Novare.

1514. — On fait encore usage de boulets de pierre, dans quelques places. (Voir 1400).

1515. — Antoine de la Fayette, seigneur de Pontgibaut, nommé grand-maître de l'artillerie au-delà des monts. — Jean, marquis de Pommereuil, successeur du précédent tué d'un coup de canon au siége d'Arona en 1525. (Allent).

1517. — Les premières platines à ressorts pour armes à feu, fabriquées à Nuremberg. (Wagenseil, page 150. De Murr, page 730).

1520. — Très beau feu d'artifice donné à Ardres, près Calais, lors de l'entrevue de François Ier avec Henri VIII.

1521. — Bombes employées au siége de Mézières. — On se sert d'arquebuses au siége de Parme (Du Belloy.) — Les pots à feu, et les lances à feu connus à Milan. (Martin du Belloy).

1522. — Les Turcs se servent, pour la première fois, de mortiers et de bombes au siége de Rhodes, par Soliman.

1523. — Rétablissement de la charge de grand-maître des arbalétriers en faveur d'Aimar de Prie, mort en 1534. (Voir cette dernière année). — Jean Micheli fait construire un bastion à Véronne.

1524. — Retraite du Milanais, pendant laquelle Bayard est blessé d'un coup d'arquebuse à forte charge, tirée sur une fourche. — Les armes de cette espèce sont si pesantes, qu'il faut au moins deux hommes pour en porter une. — Seize ans auparavant, Bayard avait été blessé d'un coup de sabre devant Brescia. — Au siége de Marseille, il y a un canon du calibre de 100 livres qui exige soixante hommes pour être servi.

1527. — Albert Durer propose les casemates. — Le connétable de Bourbon, est tué d'un coup de mousquet, dont l'invention est attribuée aux Moscovites.

1529. — Mousquets employés à la défense de Vienne.

1534. — Fin de la charge de grand-maître des arbalétriers. Institution des légions.

1536 ou 1537. — Il y a des grenades parmi les munitions que François Ier fait jeter dans Arles.

1538. — Impression de l'ouvrage de Tartaglia, dans lequel est représenté un mortier lançant un boulet enflammé.

1543. — Au siége de Landrecies, Charles-Quint à 50 pièces.

1544. — Les armées françaises ont des pistolets. (Du Belloy) : On croit cependant que ce n'est qu'en 1545, que paraissent les premiers pistolets à Pistoya en Toscane.

1546. — Jean, seigneur de Taise, grand-maître et capitaine-général de l'artillerie, en-deçà et au-delà des monts, disgracié en 1547, et tué au siége d'Hesdin en 1553. — Ordonnance de François Ier relative aux équipages de campagne conservés à Paris, Rouen, Amiens, Troyes, Dijon, Lyon, Aix, Toulouse, Bordeaux et Tours.

1547. — Les Anglais coulent des canons en fonte de fer.

1548. — Charles de Cossé, comte de Brissac, grand-maître de l'artillerie et maréchal de France.

1550. — Jean d'Estrées, baron de Cœuvres, grand-maître de l'artillerie.

1552. — Fameux siége de Metz par Charles-Quint qui a cinq mortiers et une nombreuse artillerie.

1557 (10 août). — Bataille de St.-Quentin, où une compagnie d'allemands, armés uniquement de pistolets, se sert de cette arme contre les français pour défendre un pont.

1558. — Année fixée pour le premier usage de grosses boules de fer creuses, remplies de poudre, etc. (Lamartillière, 2e vol., page 3). [Voir 1452, 1472, 1495, 1521, 1522, 1538, 1580, 1588, 1634 et 1751.] — Augmentation du nombre des arquebusiers, dans les légions nouvellement réorganisées.

1560. — Naissance de Sully, nommé grand-maître de l'artillerie à l'âge de 39 ans. — Fusil à vent inventé par Guter de Nuremberg. C'est à tort qu'on attribue l'invention de cette arme à Marin, bourgeois de Lisieux, qui en présente une semblable à Henri IV.

1562. — Bataille de Dreux, à laquelle il y a encore des argou-

lets (1). Siége de Rouen , où l'on fait usage de grenades.

1563. —Il existe de cette année , au musée d'artillerie, une paire de pistolets à rouet , ayant de beaux canons.

1565. (3 août)—Un canon tire près de Montfaucon 200 coups en 9 heures. — Il y a au siége de Malte , 50 canons de 80 livres.

1567. —On commence à donner des mousquets à l'infanterie en remplacement des flèches et des arbalètes. (Voir 1414 , 1500, 1524, 1545, 1557.) Le duc d'Albe est le premier qui fait adopter les mousquets pour l'armement général. (Brantôme).— Jean Babou de la Bourdaisière, seigneur de Sagonne, grand-maître de l'artillerie.

1569. —Armand Gontaud de Biron, grand-maître de l'artillerie , nommé ensuite maréchal de France. (Voir 1576 et 1593).

1572. — Siége de Sancerre , où l'on fait encore usage de frondes. (d'Aubigné). —Édit rendu à Blois en mars, par Charles IX , pour réduire tous les canons à 6 calibres, savoir : le canon de 33 livres 1/2 ; la grande couleuvrine de 16 livres 1/3, la bâtarde de 7 livres 1/2, la moyenne de 2 livres 1/2, le faucon de 1 livre 1/2, le faur conneau de 3/4. L'article premier, porte que ces canons seront tous marqués du nom du fondeur et du jour de la fonte. Le même édit défend expressément aux particuliers d'avoir chez eux des ca- nons, de la poudre, du salpêtre et autres munitions.

1574. —Strozzy augmente l'usage des mousquets introduits dans l'armée française des 1567.

1576. —Philibert de la Guiche, grand-maître de l'artillerie en remplacement du maréchal de Biron , démissionnaire. —Au siége de Tamar en Espagne, on se sert encore d'anciennes machines. (Folard, tome 2, page 269 et suivantes).

1577. —Les Polonais font usage de boulets rouges, au siége de Dantzick.

1578. —Fonte du canon d'Ehrenbreitstein, qui pèse plus de 26,000

---

(1) Les argoulets étaient des cavaliers armés d'épée, de masses et d'ar quebuse de deux pieds et demie de longueur. C'est de cette troupe que vient le nom d'argoulet donné aux mauvais fusils fabriqués à Liège, pour la traite.

livres. Son boulet de fer d'environ 10 pouces de diamètre pèse 150 livres.

1579. — On se sert pour la seconde fois d'un pétard pour rompre les portes de Cahors. — D'après d'Aubigné, on l'emploie peu de temps auparavant contre un petit château de Roüergne.

1580. — Les Polonnais font encore usage des boulets rouges, mais à Polotsk. — Premières bombes jettées sur la ville de Wachtendonck (Éphémérides, du Miroir du 24 mars 1822).

1581. — On coule cette année des canons de 24, qui existent encore à Toulouse, en 1823.

1584. — Mortier en bronze de 9 pouces, fondus aux frais de la ville de Strasbourg. (Manson, Abrégé d'artillerie).

1585. — Machines infernales, imaginées par Frédéric Jambelli au siége d'Anvers.

1586. — Au siége de Grave, les français ont deux batteries de 12 canons chacune. — Il reste encore au fort barreau des canons de 24 et de 16 de cette année.

1587. — Siége de l'Écluse, auquel le duc de Parme a 8 balistes. (Maizerai, page 280).

1588. — Blondel indique cette année pour le siége de Wachtendonck, dans le duché de Guéldres. (Voir 1452, 1558 et 1580.)

1592. — Siége de Rouen, dans lequel ont fait usage de l'arme appelée Pétrinal. (Nicot).

1593. — Siége d'Épernay, où le maréchal de Biron est tué d'un coup de fauconneau. (Péréfixe). L'armure de ce maréchal est au musée d'artillerie.

1595. — L'équipage formé par le comte de Fuentès pour assiéger Cambrai, est composé de 70 canons.

1596. — François, marquis d'Épinay de St.-Luc, grand-maître d'artillerie, tué d'un coup d'arquebuse au siége d'Amiens ; c'est lui, qui après avoir renversé le prince de Condé de cheval, lui présente la main pour le relever, et se déclare son prisonnier.

1597. — Antoine d'Estrées, marquis de Cœuvres, grand-maître de l'artillerie, fils du maréchal d'Estrées. Il donne sa démission en 1599. — Siége d'Amiens, où Henry IV commence à payer les travailleurs employés aux tranchées, en remplacement des pionniers.

1598. —Fonte de la coulevrine de Nancy, du calibre de 18, et de 22 pieds de longueur.

1599. —Maximilien de Béthune, duc de Sully, grand-maître et capitaine général de l'artillerie, pair et maréchal de France. De 1599 à 1601, il achète, ou fait fabriquer pour 12,000,000 d'artillerie.

1600. —Paraît le mousquet, avec serpentin pour tenir la mèche (Voir 1567).

1601. —En décembre, Henri IV maintient l'édit de 1572, relatif aux calibres et il érige l'emploi de grand-maître d'artillerie, en charge de la couronne.

1602. —Siège d'Ostende qui dure jusqu'en 1604, et pendant lequel Renaud-Ville, fait usage d'obusiers. (Description du siège d'Ostende, par Bounouff, page 232). —On y emploie aussi des grenades que l'on tire en les enfilant sur des flèches. (Voir 1536).

1610. —Clernel propose au duc d'Alberstadt, les moyens de lancer les balles à feu. —C'est le 30 octobre, sous Louis XIII, que l'on porte pour la première fois, des pistolets à la selle. (Voir 1557).

1618. —Publication de l'ouvrage de Capo-Bianco-Vicentino, où les obusiers sont représentés sous le nom de Pétriéri. —Maximilien II de Béthune, duc de Sully, pair de France, grand-maître de l'artillerie.

1621. —La ville de Macao fait présenter trois canons à l'Empereur de Chine, qui est surpris de l'effet de ces armes, quoique l'usage de la poudre dans ce pays soit bien plus ancien. (Laharpe, histoire des voyages, page 273, tome 8e). —Henry de Schomberg, comte de Nanteuil, maréchal de France, grand-maître de l'artillerie. —La cavalerie reçoit des mousquets en remplacement des carabines.

1622. —Emploi de pontons de fer blanc, par les hollandais, à la bataille de Fleurus.

1626. —Pompée Targan prouve devant la Rochelle, que le recul ne nuit pas à la justesse du tir.

1627. — Siége de l'Ile-de-Ré, où les anglais ont encore des archers.

1628. — Les autrichiens commencent à abandonner les canons du baron Wuermbrand, qui sont en bronze renforcés de viroles en fer, recouvertes de cuir.

1629. — Antoine Rusé, marquis d'Effiat, maréchal de France, grand-maître d'artillerie.

1630. — Premier usage du fusil inventé par les français, en remplacement des mousquets. (Voir 1414 et 1567).

1631. — En Suède et en Autriche, on abandonne entièrement les canons inventés par le baron de Wuermbrand. (Voir 1628).

1633. — Premier mai, naissance de Vauban à St.-Léger, entre Saulieu et Avalon.

1634. — Au siége de Lamothe en Loraine, par le maréchal de la Force, Malthus fait usage de bombes. (Voir 1558). Charles de la Porte, duc de la Meilleraye, maréchal de France, grand-maître de l'artillerie. — Mort de Sully.

1635. — Premiers canons coulés en bronze par les anglais.

1636. — Les jésuites fabriquent des canons en Chine (Voir 1621).

1637. — On employe des bombes au siége de Landrecies, où, l'une d'elles en éclatant dans son mortier, tue et blesse beaucoup de monde. (Blondel, page 506.)

1638. — Malthus rapporte que l'on introduisit cette année les calibres de 24 et de 12 en France (1). — Ordre à la cavalerie française, de se couvrir des armures qui sont à Montreuil, et qui consistent en salates, hausse-cols, cuirasses, brassards, gantelets, tassettes et genouillères.

1641. — Baïonnettes inventées à Bayonne, et adoptées dans les armées en 1670.

1642. — Siége de Collioure, où l'on tire des bombes. (Gauthier).

1650. — Armand, Charles de la Porte, duc de Mazarin, pair de France, grand-maître de l'artillerie.

1653. — (Voir 1660)

(1) En 1822 il existait encore des canons de ces calibres coulés en France pendant les années 1581 et 1586.

2

1659. — Les Polonnais jettent sur Thorn des blocs de pierre de plus de 800 livres, en employant la poudre sans bouches à feu. (Voy. 1784). C'est cette même année 1659, qu'un jésuite de Varsovie employe la première fois la vis de pointage. (Schildkneckt).

1660. — Canon coulé par Ulstad, et pris ensuite à Agra, (Indoustan) par les anglais, qui le signalent ainsi : calibre de 20 pouces 1/2 ; poids 795 quintaux; charge 250 livres.

1666. — D'après les dessins imprimés, les Keller ne coulent plus que des canons de 24, de 16, de 8, et de 4.

1667. On crée les grenadiers à raison de 4 par compagnie, et on réduit de beaucoup les armures jusque-là en usage.

1668. — Réforme des canonniers entretenus dans les places , et création de 6 compagnies de canonniers pour ce service.

1669. — Henri de Daillon, duc de Lude, grand-maître de l'artillerie, successeur d'Armand, Charles de la Porte, duc de Mazarin, qui exerce la charge du vivant de son père, le duc de Meilleraye.

1670. — Les grenadiers organisés en compagnie sont chargés de lancer les grenades. — Introduction des baïonnettes dans les armées françaises (1). — Suppression des pertuisannes.

1671. — Création du régiment des fusiliers du roi, qui succède aux suisses pour la garde et pour le service de l'artillerie; il est composé d'une compagnie de canonniers, une de sapeurs et deux d'ouvriers. Le nom de ce régiment vient de ce qu'il est le premier armé de fusils. Il est aussi le premier auquel on donne des baïonnettes.

1672. — Le régiment des fusiliers augmenté de vingt-deux compagnies dont on fait deux bataillons. Premier usage des carcasses ou balles à feu, par un ingénieur de Munster. (Voir 1610.) Premier emploi des pontons de cuivre par les français. (Frédéric II.) [Voir 1622].

1673. — Création de la première compagnie de mineurs, commandée par de Mégrigny , Augmentée de trois autres en 1679, 1695 et 1706.

(1) Les premières avaient un manche de bois qui entrait dans le canon. (Gaya).

1674. — Petit mortier à lancer des grenades, inventé par Coëhorn.

1675. — Feuquière rapporte que c'est cette année que l'électeur de Brandebourg, au siége de Stralsund, commence à se servir avec succès du tir à boulets rouges. (Voir 1577 et 1580). — Le général d'artillerie St.-Hilaire, a le bras emporté par le boulet qui tue le maréchal de Turenne, près de Salzbach.

1676. — Bataille gagnée par la flotte française, près de Palerme, où les brûlots font un ravage effroyable.

1677. — On forme quatre nouveaux bataillons de quinze compagnies chacun. — Les troupes d'artillerie emportent d'emblée et conservent un ouvrage avancé de Cambrai, qui avait été attaqué, un grand nombre de fois, par les autres troupes qui n'avaient pu réussir à s'y maintenir. Louis XIV récompense cette glorieuse action par des fleurs de lis d'or sans nombre, semées sur leurs drapeaux et sur sa hampe. Cette honorable distinction existe toujours.

1679. — Création d'une nouvelle compagnie de mineurs en France, commandée par Goulon, et ensuite par de Vallière. — Formation à Douay, de la première école pour les jeunes officiers d'artillerie. — Réforme du 6eme bataillon des fusiliers. (Voir 1672 et 1677).

1680 à 1681. — Galiotes à bombes essayées à Brest, par Bernard Renaud, qui s'en sert l'année suivante sous le commandement de Duquesne, pour châtier Alger, que l'on réduit en cendres. (Fontenelle.)

1683. — Dans un manuscrit de cette année, qui existe à la fonderie de Douay, on voit le dessin d'un obusier long, appelé chat à feu, parce que les anses représentent des chats. Ce même manuscrit donne les moyens à employer pour réparer une bouche à feu dont la lumière est trop évasée.

1684. — Création du régiment royal bombardiers de 12 compagnies. — Equipage de siége de Luxembourg, composé de 80 bouches à feu.

1685. — Louis de Crévant, duc d'Humières, grand-maître de l'artillerie et maréchal de France.

1686. — Ordonnance rendue le 18 septembre, qui prescrit le mortier à globe pour éprouver les poudres, et qui supprime toutes les autres espèces d'éprouvettes.

1688. — Siége de Philisbourg, où Vauban imagine, avec la Fre-selière, le tir des bombes à ricochet. — On fait à Toulon une caisse en fer pouvant contenir sept à huit mille livres de poudre pour servir contre Alger.

1689. — Formation de six nouvelles compagnies de canonniers pour doubler les six créées en 1668.

1690. — Une bombe tombée sur le Terrible, met 100 hommes hors de combat et rase ce vaisseau. (Histoire militaire de Quincy. Vie de Tourville).

1691. — Rétablissement du 6ᵉ bataillon des fusiliers, réformé en 1679. — Siége de Mons, pendant lequel on donne le nom de *Comminges* aux mortiers du plus gros calibre. (Leblond). — Des-chiens de Kessons, capitaine de marine, a sur ses vaisseaux des bouches à feu avec lesquelles il tire des bombes, comme les bou-lets, sur les bâtimens ennemis. (Voir 1762).

1692. — Formation d'un équipage de 264 bouches à feu pour le siége de Namur.

1693 (26 juillet). Bataille de Nerwinde, où les Français pren-nent des obusiers aux anglais et hollandais. Ces armes connues long-temps auparavant, sont représentées dans l'ouvrage de Capo-Bianco, imprimé en 1618, et dans celui de Siemienowitz, impri-mé en 1650. (Voir 1505 et 1683).

Louis XIV donne, le 15 avril, le nom de Royal-Artillerie, au régiment des fusiliers, créé en 1671. — Introduction de l'usage de la baïonnette en Angleterre.

1694. — Louis-Auguste de Bourbon, duc du Maine, grand-maître de l'artillerie, fait rendre l'ordonnance du 10 septembre qui règle le service de l'artillerie et qui maintient (Titre 57) le rachat des cloches existant dès 1493.

1695. — Réunion au régiment royal-artillerie, des douze com-pagnies de canonniers créées six à huit ans avant, et création de la troisième compagnie de mineurs. — Le roi est colonel des ré-gimens royal-artillerie et royal-bombardiers dont le grand-maître est colonel lieutenant. — Bombardement de St.-Malo, où les en-nemis abandonnent plusieurs obusiers.

1697. — Siége d'Ath, où Vauban perfectionne le tir à ricochet.

— Lamartillière (Page 422) cite pour ce tir, l'ouvrage de Thomasso Moretti, imprimé à Brescia en 1672. — Réduction de royal-artillerie, à 4 bataillons.

1699 à 1703. — Les mousquets et les piques remplacés par des fusils à baïonnettes.

1702. — Levée d'une compagnie franche de canonniers pour la défense des côtes.

1703. — Au siége de Brisack, par le duc de Bourgogne, il y a 120 canons et 40 mortiers.

1705. — Formation de deux nouvelles compagnies de mineurs.

1706. — Création d'un cinquième bataillon d'artillerie et d'un deuxième bataillon de bombardiers. — Formation d'un équipage de 237 bouches à feu, pour le siége de Turin.

1710. — Nomination de Louis-Charles de Bourbon, comte d'Eu, deuxième fils du duc de Maine, pour succéder à son père, dans la charge de grand-maître de l'artillerie.

1712. — Siége du Quesnoy, où M. de Vallière père, dispose si bien son artillerie, qu'en 24 heures il met celle de l'ennemi dans l'impossibilité de servir pendant le reste du siége.

1715. — Naissance de M. de Gribeauval à Amiens, paroisse de St.-Remy, le 4 décembre.

1717. — Le 22 juin, naissance à Paris de M. de Vallière, antagoniste de M. de Gribeauval.

1720. — Ordonnance qui incorpore dans royal-artillerie, toutes les troupes destinées au service de cette arme. — Ce corps après cette incorporation a cinq bataillons de huit compagnies chacun, ces bataillons portent le nom de leurs chefs et tiennent garnison dans les places de Lafère, Metz, Besançon, Grenoble et Strasbourg, créées écoles d'artillerie. — (5 février) Instruction théorique et pratique dans les écoles d'artillerie par Camus Destouches.

1722. — On essaye par ordre du gouvernement de fabriquer les platines par des moyens mécaniques. (Gassendi, page 591). Voir 1793.

1723. — On tire des bombes à Ricohet, à Strasbourg. (Belidor, OEuvres diverses, page 314.)

1729. — Les cinq compagnies de mineurs et les cinq d'ouvriers sont séparées du régiment royal-artillerie. — Une lettre du directeur de Lyon, datée du 25 août, annonce l'invention de la forerie horizontale par Maritz, qui en fait l'essai dans la fonderie de cette place en 1734, et dans celle de Douay de 1745 à 1748.

1730. — Manufacture d'armes blanches de Klingenthal, établie pour ne plus tirer de sabres de l'étranger et obtenir plus d'uniformité dans les dimensions des lames.

1732. — Ordonnance du 7 octobre qui fixe toutes les dimensions des canons et mortiers à couler en France; elle est due à M. de Vallière père. — Globes de compression, imaginés par Belidor.

1740. — A St.-Pétersbourg, on construit avec de la glace trois canons et deux mortiers, qui n'éclatent point dans le tir aux charges du quart du poids du boulet. — C'est vers cette année que le lieutenant-général du Brocard, introduit l'usage des gargousses pour le tir des canons de bataille; avant cette époque, la poudre en baril et les boulets roulans, étaient déposés près des pièces.

1743. — Augmentation de la force de chaque compagnie d'artillerie.

1744. — Au siége d'Ypres, Louis XV arrête que le chef d'état-major de l'artillerie doit prendre l'ordre chez le Roi, et qu'en son absence, il le reçoit chez le général de l'armée, en présence du maréchal-de-camp de jour.

1745. — Introduction de la forerie horizontale à la fonderie de Douay, qui ne commence à marcher qu'en 1748. (Voir 1729).

1746. — Changemens aux fusils, canon de 44 pouces et à huit pans.

1747. — Chaque bataillon d'artillerie augmenté de deux compagnies. — Expériences de Buffon, pour fondre du plomb et brûler du bois à une distance de 200 pieds, en employant les moyens d'Archimède.

1748. — Projet de réunion de l'artillerie et du génie. (Voir 1755). — Royal artillerie fort de 300 officiers et 5000 soldats.

1749. — L'affût de place, actuellement en usage est proposé au ministre d'Argenson, par Gribeauval. — M. le Duc à Strasbourg et M. de Vallière à Berg-op-Zoom, tirent avec succès des bombes avec des canons.

1751. — M. le Duc prouve que le feu de la charge des mortiers allume la fusée de la bombe et qu'il est inutile de mettre ce feu en deux fois comme précédemment.

1754. — Changemens aux garnitures de fusils, modèle de 1746.

1755. — Ordonnance du 8 décembre, qui réunit le génie, et l'artillerie. — Démission du comte d'Eu (Charles de Bourbon), remplacé dans la charge de grand-maître par M. de Vallière, nommé directeur-général de l'artillerie ; le premier de ce titre.

1756. (8 avril). — Institution de l'école des élèves à Lafère, pour 50 sous-lieutenans.

1757. (1er janvier). — Formation d'un 6e bataillon d'artillerie pour Auxonne, où il n'arrive que le 29 mars 1763.

1758. (5 mai). — Séparation des corps de l'artillerie et du génie. — Les bataillons convertis en brigades. — Création de 4 compagnies de canonniers invalides. (Voir 1755 et 1766).

1759. — Les sapeurs et les mineurs donnés aux ingénieurs.

1760. — Les sapeurs rendus à l'artillerie, forte alors de 612 officiers et 5160 soldats.

1761. — Création de 3 brigades destinées au service de l'artillerie de la Marine. — Les mineurs rendus à l'artillerie. — Proposition du capitaine Cuisinier, pour remplacer les flasques en bois par ceux en fonte de fer, pour mortiers.

1762. — Emploi des globes de compression par Lefèbre, contre Schweidnitz, où Gribeauval commande l'artillerie autrichienne. (Voir 1732). — Formation d'une 4e brigade de 8 compagnies de 100 hommes chacune, pour le service de l'artillerie des colonies, et création d'une 7e brigade d'artillerie de terre à Toul. — Les vénitiens abandonnent les obusiers longs placés sur les flancs de leurs vaisseaux, à l'effet de lancer les bombes de la même manière que les boulets. (Gasperoni, planche IX).

1763. — On répète à Strasbourg le tir des bombes avec des canons. (Voir 1749). — Essai à Auxonne, de l'affût de côte dit Gribeauval, proposé par le sieur Berthelot. — Changemens faits à la platine et aux garnitures du fusil de 1746 ; le canon arrondi est réduit à 42 pouces. (19 septembre). — Adoption des grains à froid en cuivre rouge corroyé, pour les canons.

1764. — Suppression d'une des brigades d'artillerie de la marine. — Réunion des 6 compagnies de mineurs à Verdun.

1765. (13 août). — Conversion des 7 brigades en régimens de deux bataillons chacun, qui prennent le nom des écoles où il sont formés. — 3 compagnies d'ouvriers ajoutées aux 6 anciennes. — Les six compagnies de mineurs forment et prennent le nom de corps des mineurs, dont l'école est établie à Verdun. — La compagnie des élèves établie à Lafère, portée à 60 sous-lieutenans. — Le corps se trouve être de 1042 officiers et 7416 soldats, non compris les élèves. — Changemens très avantageux apportés dans le matériel de l'artillerie française, par Gribeauval. — Création des équipages de campagne. — Adoption des mortiers de 10 pouces, épreuve faite à Strasbourg, des affûts en fer coulé pour mortiers (Voir 1761).

1766. — Translation de l'école des élèves de Lafère à Bapaume. — Création de 4 nouvelles compagnies de canonniers invalides.

1767. — Changemens aux modèles de sabre de cavalerie.

1769 (25 et 31 octobre). — Instruction et réglemens sur les poudres; les fontes; les épreuves des bouches à feu, etc.

1770. — Changemens faits aux sabres, ainsi qu'aux garnitures de fusils; ces derniers ne sont arrêtés que l'année suivante.

1771. — Adoption du sabre court à deux tranchans pour l'artillerie. — C'est vers cette année que les russes commencent à faire usage des obusiers longs appelés licornes, à cause de la forme de leurs anses.

1772. — Ordonnances des 23 août et 25 décembre, qui conservent les 7 régimens à deux bataillons, chacun de deux brigades, ou 10 compagnies, plus une compagnie de mineurs par régiment. — L'école de Verdun supprimée, ainsi que l'école des élèves de Bapaume. — Le corps royal réduit à 801 officiers et 5617 soldats. — Le canon de 4 rendu à l'infanterie. — Adoption d'un modèle de sabre particulier pour la Marine. — On commence à faire usage, en France, des sabots pour le tir à boulets.

1773. — Changemens proposés au fusil et adoptés l'année suivante, le poids du fusil est de 10 livres.

1774. — On coule les premières caronades aux forges de Caron en Écosse. (3 octobre). — Ordonnance relative au personnel qui, annullant celle de 1772, fait revivre les dispositions de celle de 1765. — Gomer propose les mortiers à chambre tronconique, adoptés en 1786.

1775 (23 mars). — Instruction relative aux forges.

1776. — M. de Vallière, homme de grand génie, et militaire très expérimenté, meurt le 10 janvier, âgé de 59 ans. — Réglemens des 27 juin et 3 novembre 1776, pour le service de l'artillerie et l'organisation des troupes du corps royal, qui reste composé de 7 régimens de canonniers, bombardiers et sapeurs ; de 9 compagnies d'ouvriers, de 6 compagnies de mineurs. (La 7ᵉ réformée), le tout y compris les officiers employés dans les places forme un complet, 909 officiers et 11085 soldats. — Création de l'emploi de 1ᵉʳ inspecteur-général en faveur de M. de Gribeauval. — L'école de Grenoble transférée à Valence.

1776 à 1777. — Changemens aux garnitures du fusil d'infanterie, et aux sabres des carabiniers de Monsieur.

1778 (1ᵉʳ mars). — Réglement qui affecte 7 régimens provinciaux au service de l'artillerie de campagne, ce qui porte l'artillerie à 20,016 hommes, non compris les 8 compagnies d'invalides et celles de gardes-côtes. — 1ᵉʳ Blokhaus couvert, construit à Schwedelsdorf en Silésie ; les obus avec lesquels on l'attaque y produisent tant de fumée que les défenseurs se rendent suffoqués.

1779 (8 avril). — Ordonnance apportant de légères modifications à celle de 1765 sur le personnel de l'arme. — On crée 6 places d'élèves dans chaque école. — La marine anglaise adopte les caronades.

1780 à 1781. — Le capitaine Brégeot, essaye à la fonderie de Douai, d'allier le fer fondu au cuivre, par l'intermédiaire du zinc.

1782. — Batteries flottantes employées devant Gibraltar, par Michand Darçon. — Adoption d'un modèle de sabre pour l'abordage.

1783. — Ordonnance qui rétablit l'école de Valence à Grenoble. — Changemens aux sabres de hussards et de gendarmerie.

1784. — Changemens aux sabres à lames droites pour cavalerie de ligne et pour dragons. — (8 août). Le baron Duteil, fait tirer à Auxonne des bombes sans mortiers et d'autres sans bouches à feu. (Voir 1749). — (24 octobre). Ordonnance portant création d'un régiment colonial. (Voir 1792).

1785. — École d'artillerie rétablie à Valence. — On reproduit la fabrication des platines mécaniques proposées en 1722 et abandonnées en 732.

1786. — Adoption des mortiers à la Gomer, différens des mortiers à chambre tronconique, employés par les suédois au siége de Constance en 1634. (Keller, page 72). — Adoption d'un mousqueton, avec canon de 26 pouces pour la cavalerie.

1787. — On fait l'essai à Metz, de l'affût à roues excentriques inventées par M. de la Grange. — On essaie aussi la vis pour pointer les mortiers, et un fil sur la tranche des tourillons pour donner les dégrés.

1788. — Bertholet produit l'argent fulminant. — Le chlorate de potasse employé à la poudrerie d'Essone, coûte la vie à plusieurs personnes.

1789. — Publication des tables de construction de l'artillerie du système Gribeauval, et mort de ce célèbre artilleur, à Paris, le 9 mai même année.

1790. — Décret du 11 décembre sur l'organisation de l'artillerie, sanctionné le 15 du même mois.

1791. — Décision du 25 mars qui prescrit des grains à froid pour tous les canons et le percement de la lumière des mortiers dans le métal même de ces bouches à feu. — (1er avril). Réglement qui supprime le 1er inspecteur-général; porte à 10 le nombre des maréchaux-de-camp. — Conserve au corps royal son rang d'ancienneté entre les 62 et 63e régimens d'infanterie, et compose l'artillerie de terre de 7 régimens de canonniers, qui remplacent leurs noms d'école par leur n° d'ancienneté. (Le régiment de Lafère reçoit le n° 1; Metz 2; Besançon 3; Grenoble 4; Strasbourg 5; Auxonne 6; et Toul 7); 6 compagnies de mineurs, 10 compagnies d'ouvriers. — (10 septembre). Les troupes d'artillerie sont portées au pied de guerre et forment un effectif de 13.115 officiers et soldats. — (28 septembre). Établissement d'une nouvelle école d'élèves à Châlons-sur-Marne. — Création de 2 compagnies d'artillerie à cheval, portées bientôt à 30. (Voir 1794 et 1795).

1791 à 1792. — Changement fait au modèle du sabre pour infanterie, et adoption d'un modèle de sabre pour l'artillerie à cheval.

1792. — Essai dans le Nord de l'Allemagne des affûts et voitures adoptés depuis par les anglais, pour tous leurs équipages d'artillerie de campagne. — Réunion à l'artillerie de terre du régiment colonial qui prend le n° 8. — 1ᵉʳ avril. Réglement pour le service de l'artillerie dans les écoles, les arsenaux, les places, les siéges et en campagne. — 29 avril. L'organisation de l'armée porte que l'artillerie doit fournir le personnel et le matériel nécessaire à la ligne. — 29 octobre. On donne à chaque bataillon de volontaire 2 pièces servies par des canonniers aussi volontaires, organisés pour chacun de ces bataillons.

1793. — On essaie pour la 3ᵉ fois les platines dites identiques abandonnées en 1732 et reprises en 1785. — (23 octobre ou 2 brumaire an 2). Les mineurs sont retirés de l'artillerie pour être incorporés au corps du génie.

1794. — En février, on organise neuf régimens avec toutes les compagnies d'artillerie à cheval existantes. — Formation pour le siége de Maëstricht d'un équipage d'artillerie de 174 bouches à feu.

1795 (28 mars ou 8 germinal an 3). — Essai à Toulon, des mortiers bilboquets que l'on essaie aussi à Strasbourg, en juin de l'année suivante. — Expériences sur les effets de la fumée dans les casemates. — (7 mai ou 18 floréal an 3). Décret qui compose l'artillerie de 8 régimens à pied; 8 à cheval; 12 compagnies d'ouvriers, et un bataillon de pontonniers pour la formation et l'entretien des ponts de bateaux sur le Rhin. — Une huitième école établie à Toulouse. — L'école des élèves portée à 50 sous-lieutenans. — En juillet, on essaie à Strasbourg, de lancer des obus avec des canons de 24 ayant douze et quatorze calibres de longueur. — En novembre, M. le général comte Andréossy, tire avec succès des obus ensabottés de 6°., dans un canon de 36 servant à l'armement de la fameuse ligne de Borghetto. — Levée de 14,000 canonniers volontaires pour la défense des côtes.

1795 à 1796. — Changemens aux modèles de sabres pour cavalerie de ligne et dragons.

1796 (29 décembre). — Décision qui prescrit de mettre des grains aux mortiers. (Voir 1791).

1797 (6 novembre ou 16 brumaire an 6). — Décision qui règle le rang des troupes ainsi qu'il suit : artillerie, sapeurs, infanterie, cavalerie. — (5 pluviôse an 6). Suppression des canonniers volontaires créés le 29 octobre 1792.

1798 (Février et mars). — Les généraux d'Aboville, Gassendi, Fabre, etc., essaient à Meudon des boulets incendiaires qui paraissent supérieurs à tous ceux proposés précédemment.

1799 (16 janvier ou 27 ventôse an 7). — Instruction sur les épreuves et la réception des poudres.

1800 (3 janvier ou 13 nivôse an 8).—Création d'une compagnie d'artillerie à cheval pour la garde des consuls. — (3 février). Les équipages d'artillerie cessent d'être à l'entreprise et sont transformés en bataillons du train. — (5 janvier ou 15 nivôse an 8). Arrêté qui rétablit le 1er inspecteur-général et qui nomme à cet emploi M. d'Aboville. (Voir 1789). — (Mai). Passage par le grand St.-Bernard, d'un équipage d'artillerie de campagne composé de canons de 8, de 4 et d'obusier de 6 pouces, pour aller d'Auxonne à Marengo, où la bataille livrée le 14 juin, rend les français maîtres du Piémont et de la Lombardie. — (13 novembre et 9 décembre ou 22 brumaire et 18 frimaire an 9). Règlement sur les manufactures d'armes.

1800 à 1801 (An 9).—Perfectionnement du fusil dit 1777, corrigé, calibre de 7 lignes 9 points. Changemens apportés à tous les sabres, et adoption de modèles plus propres aux besoins des troupes des différentes armes.

1801 (4 août ou 16 thermidor an 9). — Arrêté relatif à la formation et à l'administration des bataillons du train d'artillerie, créés le 3 février 1800. — (10 octobre ou 18 vendémiaire an 10). Suppression de deux régimens d'artillerie à cheval, et organisation du personnel en 8 régimens d'artillerie à pied, 6 à cheval, 2 bataillons de pontonniers, 8 bataillons du train au lieu de 38, 15 compagnies d'ouvriers ; 13 compagnies de canonniers vétérans et 130 de gardes-côtes. Le nombre des élèves porté à 70 et celui des écoles à 11 par l'établissement de celles de Turin, Besançon et

Valence. — Effectif de l'artillerie, 29197 au pied de guerre et 20,838, au pied de paix. (26 décembre ou 5 nivôse an 10). Commission composée de MM. Baillet, Lenoir et Descotils, qui fait des essais et propose des alliages pour la fabrication des canons. — On reconnaît l'impossibilité d'obtenir des platines identiques, dont les expériences durent depuis 1793 (Voir 1722 et 1785). — Fusées incendiaires employées par Congrève, mais connues bien longtemps auparavant dans les Indes; elles sont indiquées page 42 de la 3e partie des récréations mathématiques, imprimées à Rouen, en 1630. (Voir 1449 et 1452).

1802 (16 juin). — Licenciement des compagnies de canonniers gardes-côtes organisés en 4 bataillons pour les colonies. — (16 septembre ou 29 fructidor an 10). Le général Marmont devient 1er inspecteur-général d'artillerie, en remplacement de M. le général d'Aboville, nommé sénateur. — Le général Marmont, passe colonel-général des chasseurs le 1er février 1805, il est fait ensuite maréchal-de-France et duc de Raguse. — (4 octobre ou 12 vendémiaire an 11). Suppression de l'école de Châlons pour la réunir à celle du génie à Metz. — Changemens à tous les modèles de sabres. — (12 octobre ou 20 vendémiaire an 11). Changemens à l'organisation de l'état-major, du train et des canonniers vétérans.

1803. — (17 janvier ou 27 nivôse an 11). Réglement pour les forges. — Création de contrôleurs pour ce service. — (23 mars ou 2 germinal an 11). Arrêté relatif à l'avancement dans l'artillerie. — (30 avril). Augmentation du nombre des compagnies dans les 8 régimens d'artillerie à pied et dans le 6e d'artillerie à cheval, pour le service des colonies. — Arrêté (du 2 mai ou 12 floréal an 11), qui change le système Gribeauval, et remplace les calibres de 8 et de 4 par celui de 6. — (11 mai). Création de 2 nouvelles compagnies de canonniers vétérans. — (28 mai ou 8 prairial an 11). Organisation de 100 compagnies de canonniers gardes-côtes, de 28 compagnies de canonniers sédentaires aussi pour les côtes, et de 4 de canonniers vétérans. — (23 juin). Changemens dans l'organisation de l'état-major. — (22 juillet ou 3 thermidor an 11). Réglement sur le service de l'artillerie dans les écoles. — (21 septembre ou 4e jour complémentaire an 11). Création d'une compagnie d'armuriers. — Les expérience authentiques faites à Douay et à Strasbourg, prouvent que le canon de campagne ayant l'âme de 18 calibres de longueur, donne les meilleurs portées.

1804 (1er février ou 11 pluviôse an 12). — Décret qui nomme le général Songis, 1er inspecteur général d'artillerie, en remplacement du général Marmont, (voir 1802). — (18 mai ou 28 floréal an 12). Le titre de 1er inspecteur-général donne celui de grand officier de l'Empire. — (29 juillet). L'artillerie de la garde portée à 2 compagnies à cheval et 4 compagnies du train, plus une section d'ouvriers. — (1er et 31 octobre). Décrets relatifs au personnel. — Le titre de corps impérial est donné à l'artillerie, dont l'effectif sur le pied de guerre est de 52,739 hommes, y compris le train, et de 43,400 sur le pied de paix. — (13 novembre ou 22 brumaire an 13). Addition au réglement du 13 novembre 1800, sur les manufactures d'armes.

1805 (4 juillet). — Formation de la 16e compagnie d'ouvriers. — (20 septembre). Création de 2 nouveaux bataillons du train. — (23 octobre ou 1er brumaire an 14). Réglement et instruction sur la comptabilité de l'artillerie. — (1er novembre). Création de deux nouvelles compagnies d'armuriers, et formation du 11e bataillon du train. — (2 décembre). Bataille d'Austerlitz.

1806 (10 mars). — Organisation de la 4e compagnie d'armuriers. — (15 avril). Décret portant l'artillerie de la garde à 6 compagnies formant un régiment. — (14 octobre). Bataille de Jéna. — (15 décembre). Réglement sur la comptabilité des arsenaux.

1807 (8 février). — Bataille de Preussisch-Eylau, où l'artillerie française sous les ordres du général de Sénarmont, produisit des effets extraordinaires. — (14 juin). Bataille de Friedland. — (27 juillet). Établissement de la 12e école d'artillerie à Mayence. — (3 novembre). Formation du 12e bataillon du train.

1808 (12 avril). — Changement à l'organisation du 15 avril 1806. — (13 juillet). Augmentation du nombre des compagnies de pontonniers. — (11 août). Création de 5 nouvelles compagnies de canonniers gardes-côtes sédentaires. — (22 août). Formation du 13e bataillon du train.

1809. — (Organisation des canonniers et des pièces de régiment.

—(9 juin). L'artillerie de la garde est augmentée de 3 nouvelles compagnies. —(6 juillet). Bataille de Wagram, où il fut tiré 82,000 coups de canon. (Aide-Mémoire, page 818). — (18 août). Création des 111ᵉ et 112ᵉ compagnies de canonniers gardes-côtes.

1810 (16 janvier). — Nomination d'une commission composée des généraux Songis, Andréossy, Lariboisière, Ruty et d'Aboville, pour proposer les changemens reconnus nécessaires au système de l'an 11. —(11 avril). Suppression du matériel d'artillerie des régimens d'infanterie créé en 1809. —(18 et 28 août). Réunion de l'artillerie hollandaise à celle française ; le régiment à pied, sous le nº 9 et l'escadron du train, sous le nº 14. — (15 et 19 septembre). Formation de 9 nouvelles compagnies de canonniers gardes-côtes. —(26 octobre). Le lieutenant-général Sénarmont est emporté devant Cadix, par un obus qui tue en même-temps le colonel Degennes et le capitaine Pinondelle. Le cœur de ce général est déposé au Panthéon le 5 juin 1811. —(21 et 26 décembre). Création de nouvelles directions d'artillerie, ainsi que des 138ᵉ, 139ᵉ et 140ᵉ compagnies de canonniers gardes-côtes. — (27 décembre). Mort du comte Songis, 1ᵉʳ inspecteur-général d'artillerie, et grand officier de l'empire. —Siége de Cadix, auquel on emploie des obusiers de l'espèce de ceux proposés en 1805, par M. le colonel de Villantroys.

1811 (29 janvier). — Changement dans l'organisation du train. —(20 février). Nomination du comte Lariboisière, à l'emploi de 1ᵉʳ inspecteur-général. —(30 avril). Augmentation du nombre des officiers supérieurs ; création d'un directeur-général des fonderies, ayant des fonctions analogues à celles des directeurs des forges et des manufactures qui existaient déjà en 1780. —(4 mai). Changement dans l'organisation du train d'artillerie de la garde. —(18 mai). Création d'une nouvelle compagnie de canonniers gardes-côtes. — (14 juillet). Dix-sept bataillons du train restent organisés à 781 officiers et soldats, et les 10 autres sont portés chacun à 1007 officiers et soldats pour le pied de guerre. — (21 septembre) Création de la 5ᵉ compagnie d'armuriers et d'une nouvelle compagnie dans le 1ᵉʳ bataillon de pontonniers. —(12 novembre). Création de deux

nouvelles compagnies de canonniers gardes-côtes.—(12 décembre).
L'artillerie de la garde augmentée d'une compagnie.

1812 (18 janvier). — Création d'une compagnie de canonniers
vétérans pour la garde. — L'artillerie portée à 60,837 hommes sur
le pied de paix, et à 88,496 officiers et soldats sur le pied de guerre.
—(29 février). Formation d'une compagnie de canonniers gardes-
côtes.—(10, 14, 15 et 20 mars). Formation de la 19° compagnie d'ouvriers, et changemens dans l'organisation des 18 premières, ainsi que dans les 5 compagnies d'armuriers. — Création
de nouvelles directions et de 2 compagnies de canonniers gardes-
côtes.—Les français coulent à Séville, pour le siége de Cadix, des
obusiers de 10 pouces 1 ligne 6 points qui portent au-delà de 5000
mètres, (Voir 1810).—(24 juin). L'armée française avait au
passage du Niemen, 1132 bouches à feu y compris celles données
aux régimens pour cette campagne.—(6 septembre). Bataille de
la Moskowa, où l'on tire au moins autant de coups de canons qu'à
celle de Wagram, donnée en 1809. — (21 décembre). Mort du
général comte Lariboisière à Kœnigsberg.

1813. — Le 2 janvier, le général Éblé, (mort le 31 décembre
1812), est nommé 1er inspecteur-général en remplacement du
comte Lariboisière. — Le 29 mars. Nomination du comte Sorbier,
à l'emploi de 1er inspecteur-général d'artillerie, en remplacement
du comte Éblé. — L'équipage d'artillerie pour la campagne de
Leipzick, est composé de 1062 bouches à feu formant 143 batteries.
— (30 octobre). Bataille de Hanau, où l'artillerie commandée
par M. le lieutenant-général comte Drouot, force l'ennemi à li-
vrer passage à l'armée française. —(10 novembre). Mort du lieutenant-général Aubry, qui avait eu une cuisse emportée à la bataille de Leipzick. — Le capitaine Vallier, propose de faire usage
de petits bâtimens armés d'obusiers, pour la défense de Corfou,
et des Iles Ioniennes.

1814(12 mai). — Ordonnance qui réduit l'artillerie à 14,350
officiers, sous-officiers et soldats y compris l'état-major, savoir :
8 régimens d'artillerie à pied, 4 régimens d'artillerie à cheval, 1
bataillon de pontonniers, 12 compagnies d'ouvriers et 4 escadrons
du train. — Le corps reprend le titre de corps royal qu'il avait

reçu le 15 avril 1693. (27 août). Ordonnance qui accorde aux officiers d'artillerie la retraite du grade immédiatement supérieur à celui qu'ils auront exercé pendant 10 ans au moins (1).

1815 (20 janvier). — Fixation du rang de l'artillerie à l'égard des autres armes. — (30 janvier). Ordonnance qui supprime le 6, et qui prescrit d'en revenir au matériel du système de Gribeauval. — (30 avril). Organisation de 50 compagnies de canonniers gardes-côtes, et de 10 compagnies de canonniers sédentaires. — (16 juillet). Ordonnance de licenciement et de réorganisation des troupes d'artillerie composées d'un état-major pour les places et les établissemens du matériel ; de 8 régimens à pieds qui prennent les noms des écoles dans lesquels on les forme : (L'ex. 1er redevient la Fère, le 2e Metz et le 5 Strasbourg, comme avant 1791; le 3e prend le nom de Valence, le 4e d'Auxonne, le 6e de Douai, le 7e de Toulouse, et le 8e de Rennes); de 4 régimens à cheval; d'un bataillon de pontonniers; 12 compagnies d'ouvriers ; 1 d'artificiers et 8 escadrons du train, le tout formant un effectif de 11,280 hommes. — (21 juillet). Ordonnance qui supprime l'emploi de 1er inspecteur-général, dont était pourvu le général Sorbier, mis à la retraite. — (22 septembre). Ordonnance relative à la composition de l'état-major du corps royal de l'artillerie, fort de 350 officiers et 480 employés. — (10 octobre). Réorganisation opérée sous la direction de M. le lieutenant-général vicomte de Pernety, chef de la division de l'artillerie au ministère de la guerre, et président du comité des inspecteurs-généraux de cette arme, en sa qualité de doyen de grade ; ce général, nommé conseiller-d'état, reste au ministère jusqu'au 28 avril 1817. — (3 novembre). Création de compagnies d'artillerie attachées aux légions d'infanterie.

_____

(1) Le roi Législateur a voulu par cette ordonnance, indemniser l'artillerie de la lenteur de son avancement, lenteur telle que cette arme a encore des colonels de 1811 et de 1812, tandis que les plus anciens du même grade dans l'infanterie et la cavalerie sont de 1813. Cette lenteur tient, à ce que l'artillerie dont les troupes formant plus d'un 8e du total de l'armée française, n'a que 13 maréchaux-de-camp pour 50 colonels, tandis que dans l'infanterie et la cavalerie il y a plus de 3 maréchaux-de-camp pour 2 colonels.

3

1816 (8 février). — Organisation du comité d'artillerie avec tous les inspecteurs-généraux de cette arme sous la présidence du plus ancien de grade. — Adoption de nouveaux modèles d'armes portatives pour tous les corps de troupe. — (20 septembre). Circulaire qui fixe les armes à donner aux militaires des différens grades dans chaque corps.

1817 (22 avril). — Projet d'ordonnance, imprimé en juillet, pour le service de l'artillerie dans les écoles. — (19 novembre). Ordonnance portant suppression des régisseurs et inspecteurs-généraux des poudres et salpêtres, et création d'une direction générale de ce service, confiée à M. le lieutenant-général comte Ruty, nommé ensuite pair de France. — (17 décembre). Réduction de l'état-major du corps royal d'artillerie à 300 officiers, (voir 22 septembre 1815).

1818 (8 juillet). — Ordonnance pour le service dans les écoles. — (15 juillet). Ordonnance sur le service des poudres et salpêtres. — Présentation du projet pour la construction d'une manufacture d'armes à Châtellerault, par le colonel Marion. (29 juillet). — Amorces fulminantes, pour le fusil proposé par l'arquebusier Prélat. — (31 juillet). Circulaire qui retire le mousqueton aux sapeurs des régimens, pour le donner aux cornets des voltigeurs. — (2 août). Ordonnance concernant l'avancement dans l'artillerie. — (20 décembre). Ordonnance faisant suite à celle du 2 août, même année, relative à l'avancement. — 26 décembre. Suppression de la direction de Rochefort, réunie à celle de la Rochelle.

1819. — (2 février). Circulaire relative aux retenues des employés civils d'artillerie et tarif pour les réparations d'armes. —) 18 mars). Instructions sur l'armement des troupes. (Journal Militaire, 1er semestre 1819, page 244).

1820 (31 mars). — Ordonnance portant établissement d'un comité spécial et consultatif, présidé par M. le lieutenant-général vicomte de Pernety, comme le plus ancien. — Autre ordonnance qui supprime les emplois de maréchaux-de-camp commandans les petites écoles. — (5 avril). Ordonnance qui crée une compagnie de canonniers sédentaires en Corse. — (16 août) Décision royale, communiquée le 30 septembre, pour rendre des Nos aux régimens d'artillerie, en remplacement des noms d'école ; ces N°ˢ sont ceux donnés de 1791 à 1815.

1822 (13 février). — Ordonnance qui crée un inspecteur-général du service central. Nomination de M. le lieutenant-général comte Valée, à cet emploi. — (16 mars). Instructions pour les ateliers de réparations d'armes. — (1ᵉʳ mai). Ordonnance qui rétablit les maréchaux-de-camp, supprimés le 31 mars 1620. — (20 novembre). Réglement pour le service des manufactures d'armes.

1823 (23 avril). — Création d'une compagnie d'armuriers pour l'armée des Pyrénées. — (Mai). Deux équipages de chacun 48 bouches à feu, formés dans les places de Bayonne et de Perpignan, pour les siéges à faire en Espagne. Le prince Généralissime porte celui de Bayonne à 60, non compris les canons de 12 et les obusiers de 6 pouces à grande portée, pris dans toutes les batteries de réserve de l'armée. — Devant Pampelune cet équipage est composé de 126 bouches à feu. — (14 juin). Réglement sur le service de l'artillerie dans les forges. — Mise en expérience d'un affût à flèche pour canons de siége.

1824 (4 janvier). Ordonnance portant création d'un inspecteur des arsenaux de construction. — (23 avril). Projet de réglement sur le service des fonderies, qui annule celui arrêté le 7 juin 1823. — (19 mai). Création d'une école centrale de pyrotechnie militaire. — (9 novembre). Formation d'une commission chargée de discuter le système complet des bouches à feu à employer en France ; cette commission est composée des généraux Ruty, Berge, Corda et Marion, et des académiciens Darcet, Poisson et Gay-Lussac.

1825. — On met en expérience l'artillerie de campagne nouveau modèle, qui est une modification de celle essayée en 1792 dans le nord de l'Allemagne. — (27 février). Ordonnance qui règle la composition et l'organisation de l'artillerie française ; savoir : état-major 300 officiers y compris 50 élèves ; 560 employés comme professeurs , gardes, chefs ouvriers, controleurs ; 1 brigade d'artillerie de la garde, de 3 régimens dont 1 à pied, 1 à cheval, 1 du train ; 8 régimens d'artillerie à pied, 4 à cheval, 1 bataillon de pontonniers, 12 compagnies d'ouvriers , 1 d'armurier et 8 escadrons du train. — (juillet). Essai d'un nouvel affût, propre au service des côtes et à celui des places. — (novembre et décembre). Coulage à Douay, de canons de campagne à 90 partie de cuivre, 10 d'étain et de 2 à 6 de fer.

1826 (Mai). Coulage à Douay , de canons de 24 aussi en alliage ternaire ; un de ces canons résiste l'année suivante à 1540 coups, sans être hors de service. — (18 juin). Réglement sur le service des arsenaux de construction. — (2 juillet et 5 août). Ordonnance et réglement sur le service de l'artillerie dans les écoles. — Adoption de l'affût du siége, mis en expérience en 1823. — Essai des batteries de campagne nouveau modèle. — (7 septembre). Dispositions prescrites pour prolonger la durée des mortiers éprouvettes. — Coulage à Strasbourg de canons de 24 , les uns avec âme entière, les autres avec portion d'âme, tant en fer forgé, qu'en fer coulé.

1827 (Février et mars). — Épreuves dans le nord et l'est de la France, d'une batterie de campagne nouveau modèle modifié. — (Août). On éprouve comparativement à Vincennes, des canons de 24 avec âme en fer , et d'autre en alliage ternaire, contenant 90 cuivre , 10 étain et 4 fer forgé. (Voir 1825 et 1826). Ces derniers ont l'avantage sur tous les autres. — (septembre). Adoption définitive du nouveau matériel d'artillerie de campagne, essayé et manœuvré sous les yeux de Charles X , au camp de St-Omer. — (octobre). Nouvel essai des affûts de côte et de place, mis en expérience en 1825 , et modifié depuis.

1828 (15 février). — Ordonnance qui crée un inspecteur-général du service de l'artillerie, et qui nomme M. le lieutenant-général comte Valée à cet emploi , équivalent à celui de premier inspecteur-général. — (24 avril) Mort de M. le lieutenant-général comte de Ruty, pair de France ; président de la section de la guerre du conseil d'état : membre du conseil supérieur de la guerre, directeur-général des poudres et salpêtres ; inspecteur-général d'artillerie , etc.

FIN.

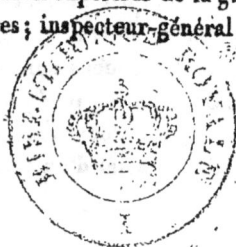

www.ingramcontent.com/pod-product-compliance
Lightning Source LLC
Chambersburg PA
CBHW060746280326
41934CB00010B/2375